Troja
(Paris, Hektor,
Priamos)

Ida-Gebirge

Skamander

Skyros
(Lykomedes)

Weltgeschichte für junge Leser

In dieser Reihe sind bisher erschienen:

WELTGESCHICHTE FÜR JUNGE LESER

Troja

SABINE HOJER

KNESEBECK

Inhaltsverzeichnis

Einführung

Alle Menschen, die vor mehr als 2300 Jahren im alten Griechenland lebten, kannten die Erzählungen vom Trojanischen Krieg. Dieser spielte in einer längst vergangenen Zeit, als große Helden und Halbgötter die Erde bewohnten. Der Krieg war sehr berühmt, weil damals nicht nur die Menschen, sondern auch die Götter gegeneinander kämpften. Geplant wurde er vom obersten aller Götter, der Zeus hieß. Seine Groß-

mutter, die Mutter der Erde, hatte sich bei ihm beschwert, dass die Helden und Halbgötter immer wieder gegen die Gesetze der Götter und Menschen verstießen. So wurden sie zu einer sehr großen Belastung, welche die Mutter der Erde nicht mehr länger hinnehmen konnte. Zeus musste handeln. Er beschloss, dass sich die Helden in einem großen Krieg gegenseitig töten sollten. Nur so konnte die Erde von ihnen befreit werden.

Auslöser für den Krieg war der Raub der schönsten Frau Griechenlands, Helena, die mit Menelaos, dem König von Sparta, verheiratet war. Der trojanische Königssohn Paris hatte sich in sie verliebt und sie in seine Heimatstadt Troja entführt. Die Griechen waren über die Tat sehr empört. Um Helena wieder zurückzuholen, segelten viele griechische Helden nach Troja und versuchten, die Stadt zu erobern.

Alt und weise sieht er aus, der Dichter Homer. Wenn wir genau hinschauen, sehen wir, dass sich die Augenlider in der Mitte schließen. Homer soll nämlich blind gewesen sein.

Vom Trojanischen Krieg wurden schon im alten Griechenland zahlreiche verschiedene Geschichten erzählt. Dichter zogen von Fürstenhof zu Fürstenhof und unterhielten ihre Zuhörer mit den Geschichten, die sie aus dem Gedächtnis vortrugen. Häufig passten sie die Erzählungen den Lebensumständen und Wünschen der Zuhörer an und veränderten die Handlung.

Die Verse des Dichters Homer kennen wir heute noch. Homer lebte an einem Fürstenhof und schrieb die *Ilias*. Die *Ilias* ist eine der ältesten vollständig überlieferten Erzählungen, die es auf der Welt gibt. Sie umfasst ungefähr 16 000 Verse, die in einer Art Singsang vorgetragen wurden. Die Melodie half den Dichtern, sich die vielen Verse zu merken, und auch die Zuhörer konnten ihnen besser folgen.

Alle Welt bewunderte den großen Dichter Homer für sein Können, doch schon bald wusste man nicht mehr, wann und wo er gelebt hatte. Und wie hatte er eigentlich ausgesehen? Diese Frage stellten sich auch die Bildhauer, die von Homer eine Marmorbüste herstellen wollten. Sie erfanden ein Bildnis des Homer, das ihn so zeigt, wie sie sich einen großen Dichter vorstellten.

Wie aber kam es nun zu diesem großen Krieg?

▲ Thetis will Peleus nicht heiraten. Deshalb hält er sie mit beiden Armen fest. Um sich ihm zu entziehen, ändert sie ihre Gestalt. Sie wird sich gleich in den Löwen verwandeln, der Peleus schon anfaucht.

Drei Göttinnen streiten sich

Einst traf Zeus, der mächtigste aller griechischen Götter, die schöne Meeresgöttin Thetis. Sie gefiel ihm so gut, dass er mit ihr ein Kind zeugen wollte. Doch nein, das war zu gefährlich. Gab es da nicht die Weissagung, dass der Sohn der Thetis größer sein werde als sein Vater? Dieses Risiko, vom Thron gestürzt zu werden, konnte Zeus nicht eingehen. Schließlich hatte er doch selbst einst seinen Vater besiegt und entmachtet. Deshalb beschließt er, die schöne Thetis mit einem sterblichen Mann zu verheiraten. Seine Wahl fällt auf Peleus. Peleus ist zwar ein Enkelkind des Zeus und einer der griechischen Helden, aber eben doch nur ein Mensch. Thetis wehrt sich gegen diese Ehe. Als ewig lebende Göttin will sie keinen Menschen zum Ehemann, der alt werden und sterben wird. Doch sie muss sich dem Willen des Zeus fügen. Als sie zusammen mit ihren Schwestern aus dem Meer auftaucht und beim Schein des Vollmondes tanzt, nimmt Peleus sie gefangen.

Sie versucht, sich ihm zu entziehen, indem sie sich in immer wieder andere Wesen verwandelt: in eine Schlange, in Feuer, in einen Seedrachen, in einen Hund und in einen fauchenden Löwen. Aber Peleus weiß, wie er sie bezwingen kann. Thetis muss sich ihm ergeben, wenn er sie unerschütterlich festhält. Die Götter helfen Peleus, und er darf sie heiraten.

Es gibt ein großes Hochzeitsfest, an dem Götter und Menschen teilnehmen. Nur Eris, die Göttin des Streites und der Zwietracht, ist nicht eingeladen. Eris will sich dafür rächen, dass sie von dem großen Fest ausgeschlossen wurde. Sie wirft einen goldenen Apfel mit der Aufschrift: »Der Schönsten« unter die Hochzeitsgesellschaft. Wie von Zeus geplant, bricht unter drei Göttinnen ein Streit darüber aus, wer von ihnen die Schönste ist und den Apfel behalten darf.

Wer sind diese drei Göttinnen? Eine von ihnen ist Hera, die oberste Göttin und Ehefrau von Zeus. Die beiden anderen sind Athene, die Göttin der Weisheit und der klugen Kriegsführung, und Aphrodite, die Göttin der Schönheit und der Liebe. Die drei Göttinnen können sich allein nicht einigen. Zeus will den Streit nicht schlichten. Das wäre auch sehr schwierig, denn schließlich ist er der Ehemann der Hera und auch der Vater von Athene. Nein, ein Mensch soll Schiedsrichter sein. Diese Aufgabe fällt dem Prinzen Paris zu. Er ist der Sohn des trojanischen Königs Priamos.

Jede der drei Göttinnen will den Wettstreit gewinnen und verspricht Paris ein Geschenk, wenn er sie auserwählt. Hera stellt Paris große Macht in Aussicht. Athene bietet ihm Weisheit und Kriegsglück an, und Aphrodite verspricht ihm Liebe in Gestalt der Helena, der schönsten Frau der Welt. Paris entscheidet sich für Helena, und Aphrodite bekommt als Gewinnerin des Wettstreites den goldenen Apfel.

Keiner ahnt, dass die Hochzeit und der Streit zwischen den Göttinnen Teil des Plans sind, den sich Zeus ausgedacht hatte. Er will ja einen großen Krieg zwischen den griechischen Helden ausbrechen lassen. In diesem wird der Sohn von Thetis und Peleus eine entscheidende Rolle spielen, und die schöne Helena wird Anlass für den Krieg sein.

Voll Schreck will Paris vor Hermes, dem Götterboten, und den drei Göttinnen davonlaufen. Hermes bedeutet ihm mit der erhobenen Hand, dass er stehen bleiben muss.

Die Kindheit des Achill

Zeus hatte nichts dem Zufall überlassen. Als er Thetis gezwungen hatte, Peleus zu heiraten, wusste er schon, dass sie einen Sohn bekommen werde. Thetis liebt ihren Sohn über alles und nennt ihn Achill. Es war vorausgesagt worden, dass er stärker als sein Vater sein wird. Doch da sein Vater ein Mensch und kein Gott ist, ist er selbst nur ein Halbgott und deshalb sterblich. In ihrem Innersten weiß die Meeresgöttin, dass Achill kein langes Leben vergönnt sein wird. Vielleicht

ahnt sie, dass er – ebenso wie Helena – nur ein Werkzeug im Plan des mächtigen Zeus ist. Achill wird viele, viele Helden töten, doch auch selbst früh sterben. Denn große Helden sterben eben nicht nach einem erfüllten Leben in hohem Alter, sondern fallen jung im Krieg.

Thetis hat Angst um ihren Sohn und will ihn vor dem Tod schützen. Als Göttin kennt sie ein Mittel. Wenn Menschen gestorben sind, kommen ihre Seelen in die Unterwelt. Um von der Oberwelt in die Unterwelt zu gelangen, muss man den Fluss Styx überqueren. Das Flusswasser ist für Menschen tödlich. Doch die Haut eines Halbgottes kann es unverwundbar machen. Thetis begibt sich mit dem kleinen Achill zum Styx und taucht ihn kopfüber in den Fluss. So will sie ihn vor dem Tod schützen. Aber eines hat sie nicht bedacht: Als sie Achill unter das Wasser hält, packt sie ihn an einer seiner Fersen. Und eben diese Stelle wird nicht vom Wasser benetzt und ist so auch nicht unverwundbar. Doch weiß das niemand, nur die allwissenden Götter haben davon Kenntnis.

Als Achill neun Jahre alt ist, bringt Thetis ihn zu seinem Urgroßvater, zu Chiron. Chiron ist ein Kentaur, das heißt, er hat den Oberkörper eines Mannes, und von der Hüfte abwärts ist er ein Pferd. Chiron lebt in einer Höhle im Pelion-Gebirge und kennt sich in der Natur besonders gut aus. So lernt Achill bei ihm die Grundlagen der Heilkunde, und gemeinsam streifen sie durch Wald und Wiesen. Es ist wichtig, die heilkräftigen Kräuter und Pflanzen von den schädlichen zu unterscheiden. Außerdem muss man wissen, welche Krankheiten mit welchem Mittel geheilt werden können.

Als Achill noch klein ist, sitzt er auf dem Rücken des Kentauren wie auf einem Pferd, und sie erlegen Hasen, später auch wilde Tiere wie Bären und Löwen. Einmal tötet Achill sogar einen Panther. Er ist ein so geschickter Jäger, dass selbst die Göttin Athene darüber staunt. Doch ist Chiron nicht nur mit dem Leben in der freien Natur vertraut. Er versteht sich auch darauf, die Kithara zu spielen. Er lehrt Achill, dieses große Instrument richtig zu halten, die Saiten zu zupfen und Lieder dazu zu singen. Alles lernt Achill, was für die Ausbildung wichtig ist, nur eines nicht: den Umgang mit Kriegswaffen.

▼ Voll Angst, aber auch voller Hoffnung taucht Thetis Achill in den Fluss Styx. Das Wasser soll ihren kleinen Sohn unverwundbar machen. Rechts daneben sitzt Styx, in Gestalt einer Frau, die ein Schilfrohr in der Hand hält.

Myrta und Euklos,

Geschwister und Spielgefährten

Du bist so gemein. Warum machst du meinen Sandkuchen kaputt? Kann ich doch nichts dafür, dass eine Welle deine Sandburg weggespült hat!« Myrta hat eine richtige Wut auf ihren Zwillingsbruder Euklos. Doch sie haben sich schnell wieder versöhnt. »Komm, lass uns mit dem Ball spielen!«, ruft Euklos.

Vor wenigen Tagen hat er ihn zu seinem sechsten Geburtstag bekommen. Er ist aus bunten Stoffstücken zusammengesetzt und mit Haaren gefüllt. Die Geschwister lassen den Ball hin- und herfliegen und üben kleine Kunststücke ein. Mal hüpfen sie nur auf einem Fuß, mal greifen sie den Ball mit der linken Hand. Doch bald wird es ihnen zu anstrengend. Müde trotten sie nach Hause. Sie gehen die Treppe hinauf und suchen ihre Mutter. Da hören sie schon, wie ihr kleiner, erst sechs Wochen alter Bruder wimmert. Die Mutter beugt sich über die Wiege, die mit Stricken an der Decke befestigt ist. Sie hält einen getrockneten Kürbis in der Hand und rasselt damit. Die Kerne stoßen gegeneinander und machen ein gleichmäßiges Geräusch.

Die Mutter möchte das Baby damit beruhigen, aber zugleich auch die bösen Geister vertreiben, die Krankheiten bringen könnten. Myrta springt herbei. »Lass mich, ich spiel ihm etwas vor.« Sie nimmt ihre Puppe Plangon vom Bett. »Schau, ich habe sie wie eine Braut angezogen. Siehst du das schöne Gewand und den Schleier? Den zieh ich ihr jetzt über das Gesicht, denn sie geht gleich zu dem festlichen Hochzeitsessen. Da wird sie den Schleier dann beiseiteziehen, und ihr Bräutigam kann sie zum ersten Mal sehen. Meinst du, er findet sie schön?«

Myrta ist so in ihr Spiel vertieft, dass sie gar nicht merkt, dass der kleine Bruder längst wieder eingeschlafen ist. Er wacht auch nicht davon auf, dass Euklos lautes Kampfgeschrei ausstößt. In jeder Hand hält er einen Reiter aus Ton und lässt sie über das Schlachtfeld jagen. Er träumt davon, später eine militärische Ausbildung zu durchlaufen und an einem Krieg teilzunehmen. Doch davor muss er noch Lesen, Schreiben und Rechnen lernen. Ebenso wichtig ist auch der Sport. Myrta wird zu Hause bei ihrer Mutter bleiben und all das lernen, was sie als Ehefrau und Mutter später einmal können muss.

◀ Diese Puppe sieht aus wie ein junges Mädchen.

Im Galopp stürmt der ▶ Reiter daher.

Das Räuberspiel

Die zwei Spieler sitzen sich gegenüber
und stellen ihre jeweils 16 Spielsteine in einer
Linie in den zwei Randreihen auf.

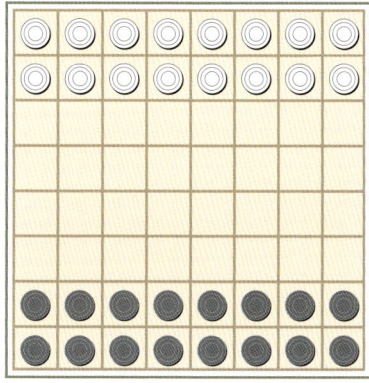

Ziel des Spiels ist es, mit möglichst vielen Spielsteinen die gegenüberliegende Seite zu erreichen.

Die Steine werden vorwärts, rückwärts oder seitwärts gezogen, und zwar beliebig weit. Es darf allerdings kein anderer Stein im Weg stehen.

Es kommt darauf an, die Steine des Mitspielers zu schlagen.

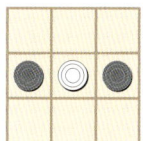

Geschlagen ist ein Stein, wenn er von zwei Steinen des Mitspielers eingeschlossen ist (hier der weiße Stein von zwei schwarzen Steinen). Der geschlagene Stein wird gefangen genommen und aus dem Feld entfernt.

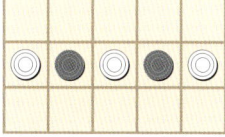

Es können auch zwei Steine auf einmal geschlagen werden (hier zwei schwarze Steine). Es ist jedoch erlaubt, sich freiwillig zwischen zwei gegnerische Steine zu begeben. Der Stein ist dann nicht geschlagen.

◀ Die Kinder spielten
mit Würfeln, die wie
unsere aussehen.
Sie benutzten aber
auch Knöchelchen
als Würfel.

▼ Was hat der Mann mit dem nackten Oberkörper im Frauengemach zu suchen? Es ist Achill. Er spielt auf der Lyra, während zwei Mädchen Wolle spinnen und die beiden anderen zuhören.

Achill bei den Töchtern des Königs Lykomedes

16

Thetis weiß, dass bald ein blutiger Krieg vor Troja stattfinden wird. Um ihren Sohn davor zu bewahren, verkleidet sie Achill als Mädchen und bringt ihn zu König Lykomedes, der über die Insel Skyros herrscht. Thetis will ihn unter den zahlreichen Töchtern des Königs aufwachsen lassen, denn als Mädchen – so denkt Thetis – droht ihm keine Gefahr. Achill erhält auch einen neuen Namen: Wegen seiner Haarfarbe wird er Pyrrha, blondes Mädchen, genannt. Doch trotz der Frauenkleider entwickelt sich Achill zu einem jungen Mann. Und das hat auch Folgen. Er verliebt sich in Deidameia, die älteste Tochter des Königs. Diese erwartet bald ein Kind von Achill.

Während Achill unter den schönen Töchtern des Lykomedes aufwächst, rüsten die Griechen zum Krieg gegen Troja.

Natürlich wollen alle, dass auch der Sohn der Thetis mit in die Schlacht zieht, immerhin gilt er als der tapferste Held der Griechen. Obwohl Achill noch sehr jung ist, wollen die Griechen ohne ihn nicht aufbrechen. Deshalb beauftragen sie Odysseus, den König von Ithaka, Achill zu holen. Doch wie soll er Achill in seinem Versteck finden? Odysseus ist bekannt dafür, dass er schwierige Situationen nicht durch Gewalt, sondern durch List und Verstand löst. Auch jetzt lässt er sich etwas einfallen.

Odysseus hört das Gerücht, dass sich Achill auf der Insel Skyros versteckt hält. Sofort begibt er sich dorthin. Doch wie kann er Achill enttarnen? Odysseus überlegt sich eine ganz besondere List. Er verkleidet sich als Kaufmann und bietet im Königspalast Schmuck zum Kauf an.

Doch legt Odysseus auch Waffen unter die Schmuckstücke. Die Mädchen greifen zum Schmuck und probieren ihn an. Plötzlich ertönt vor den Toren des Palastes eine Kriegstrompete. Während die Mädchen vor Schreck erstarren, greift Pyrrha-Achill sofort zu den Waffen. So verrät er sein wahres Geschlecht. Odysseus nimmt ihn nun mit in den Trojanischen Krieg. Da Achill aber viel jünger ist als die anderen Krieger, werden ihm zwei Begleiter mitgegeben: Sein Erzieher Phoinix, der ihn den Gebrauch der Waffen lehren wird, und sein bester Freund Patroklos, den er seit seiner Kindheit kennt.

Nach ihrem Aufbruch bringt Deidameia den Sohn des Achill zur Welt und nennt ihn Pyrrhos, den Blonden. Er wird Achills einziges Kind bleiben.

◄ Diesmal hat Achill Frauenkleider an. Als der Trompeter das Signal zum Krieg gibt, greift er zu den Waffen und enttarnt sich damit als Mann. Deidameia fasst ihn am Arm und versucht, ihn zurückzuhalten.

Melitodes

lernt weben

Daphnis und Kyknos haben sich über die Geburt ihrer Tochter so gefreut, dass sie ihr den schönen Namen Melitodes, die Honigsüße, gegeben haben. Nun ist sie mit ihren neun Jahren schon ein junges Mädchen. In fünf Jahren wird sie verheiratet werden, und bis dahin soll sie alles gelernt haben, was eine Ehefrau und Mutter können muss.

»Komm, meine Süße, viel Arbeit wartet auf uns!«, ruft Daphnis. »Hilfst du mir heute wieder?« Melitodes stöhnt ein bisschen auf. Gewänder anzufertigen ist so mühsam! Einen ganzen Tag hatte es gedauert, die frisch geschorene Wolle zum Spinnen vorzubereiten. Sie hatten sie zusammen von Dornen, Disteln und Schmutz befreit und gewaschen. Ihre Mutter hatte ihr gezeigt, wie man die Fasern kämmt. Noch mühsamer war das Spinnen der Wolle. Melitodes, ihre Mutter und die Magd hatten Wochen dafür gebraucht. Daphnis hört das Stöhnen ihrer Tochter. »Nein, nein«, lacht sie, »die Wolle ist fertig. Heute fangen wir an zu weben.« Der große Webstuhl steht im Wohnraum im Erdgeschoss. Er besteht aus zwei aufrecht stehenden

Balken, die an den Enden jeweils mit einem Querbalken verbunden sind. In diesem großen Webrahmen laufen lange Fäden von oben nach unten. Gewebt wird im Stehen, und man fängt mit dem Tuch oben an. Tagelang hat Daphnis überlegt und gerechnet. Noch bevor sie beginnt, muss sie genau wissen, wie viele Fäden sie von oben nach unten spannt und welche Farben die Wollfäden haben

▶ Der Webstuhl ist aus einfachen Stangen zusammengefügt. Gewebt wird von oben nach unten. Die herunterhängenden Kettfäden erhalten durch Tongewichte ihre Spannung.

18

▶ Wir sehen eine ganze Familie: Die Mutter sitzt auf einem Stuhl und spinnt Wolle. Links spannt eine Sklavin die Wolle über einen Holzrahmen, und der kleine Sohn hält Stock und Reifen in der Hand. Ganz rechts steht der Vater.

sollen. Melitodes ist ein bisschen stolz auf ihre Mutter. Sie kann die allerschönsten Muster weben und wird von allen dafür bewundert.

Daphnis erklärt: »Diesmal wird es etwas ganz Besonderes. Es wird ein Geschenk für die Göttin Athene. Die Götter des Olymp sollen darauf zu sehen sein.« Melitodes lässt sich die Abfolge der Fäden genau erklären. Das Muster ist aber so schwierig, dass sie noch nicht ganz versteht, wie man das vorher schon so genau berechnen kann. »Komm, jetzt müssen wir erst einmal Wolle für jede Farbe auf ein eigenes Schiffchen wickeln. Auf dem Saum sollen geflügelte Pferde zu sehen sein. Schau, mehr als sieben Fuß breit soll das Tuch werden. Da brauche ich deine Hilfe.« Jedes Holzplättchen wird von Melitodes und ihrer Mutter mit einem andersfarbigen Wollfaden umwickelt. Jetzt endlich können sie mit dem Weben beginnen. Melitodes darf die hölzernen Schiffchen immer von einer Seite des Webrahmens durch die Längsfäden hindurch zur anderen Seite schieben. Und wieder zurück, hin und her. Jeden Tag arbeiten sie viele Stunden an dem Tuch. Langsam entstehen die Bilder. Den Helm der Athene kann man schon erkennen.

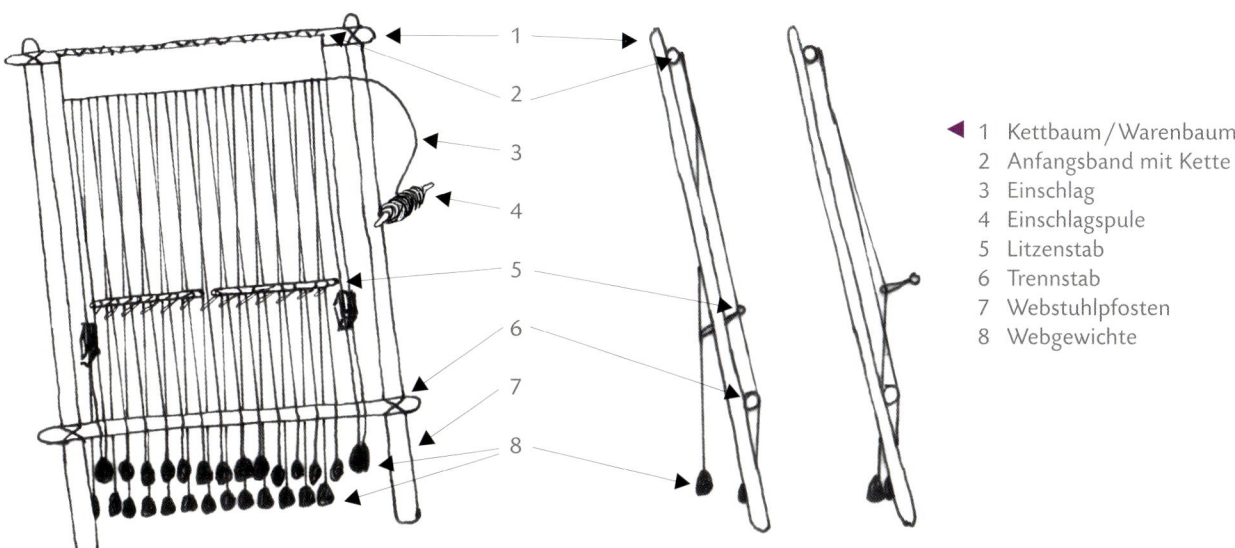

◀ 1 Kettbaum / Warenbaum
2 Anfangsband mit Kette
3 Einschlag
4 Einschlagspule
5 Litzenstab
6 Trennstab
7 Webstuhlpfosten
8 Webgewichte

Der Krieg beginnt

Schon damals, als Helena noch ein junges Mädchen war, hatte man sich in ganz Griechenland erzählt, wie schön sie sei – die schönste Frau der Welt. Eigentlich ist das gar nicht so verwunderlich, denn schließlich ist sie die Tochter des Zeus. Er hatte sie für seinen Plan, einen Krieg zu entfachen, gezeugt: An ihr sollte sich der Streit entzünden.

Als Helena ins heiratsfähige Alter kam, reisten viele Fürsten aus allen Teilen Griechenlands nach Sparta. Alle wollten Helena zur Frau haben. Nur Odysseus entschied sich anders. Er wählte Penelope, die zwar nicht so schön, aber besonders klug war. Und er gab auch einen entscheidenden Rat: Um Streitigkeiten unter den zahlreichen Bewerbern zu vermeiden, sollte sich Helena ihren Ehemann selbst aussuchen dürfen. Die griechischen Fürsten sollten einen Eid schwören, dass sie Helenas Wahl anerkennen und, sollte es irgendwelche Konflikte geben, einander beistehen würden. Helena heiratete den jungen Menelaos, der daraufhin König von Sparta wurde.

Helena ist bereits eine verheiratete Frau und Königin von Sparta, als die Göttin Aphrodite sie dem trojanischen Königssohn Paris verspricht. Das wird Ärger geben. Paris segelt nach Sparta und wird von Menelaos freundlich empfangen. Der trojanische Prinz Paris ist so schön, dass es Aphrodite leicht gelingt, in Helena Liebe zu Paris zu erwecken. Wieder haben die Götter ihre Hand im Spiel, sie bestimmen das Schicksal der Menschen. Als Menelaos zu dem Begräbnis seines Großvaters

reist, nutzt Paris die Gunst der Stunde. Mit Aphrodites Hilfe entführt er Helena nach Troja und nimmt auch noch kostbare Schätze mit. Natürlich ist Menelaos sehr wütend, als er von dem Raub erfährt. Er sinnt auf Rache.

Nun war der Bündnisfall eingetreten, und Menelaos erinnert die griechischen Fürsten an den Eid, den sie einst geschworen hatten. Die meisten von ihnen, 30 an der Zahl, stehen zu ihrem Versprechen und erklären sich bereit, um Helena zu kämpfen. Odysseus will sich zunächst drücken. Er stellt sich wahnsinnig und hofft, durch diese Täuschung nicht in den Krieg ziehen zu müssen. Doch wird seine List durchschaut, und er wird ausgesendet, Achill aufzuspüren.

In der Zwischenzeit wird die Kriegsflotte vorbereitet und das Heer aufgestellt. Angeführt wird es von Agamemnon, dem mächtigsten Fürsten der Griechen. Er ist König von Mykene und der große Bruder von Menelaos.

Für Zeus läuft alles nach Plan, denn unter den Kriegern befinden sich jetzt die größten Helden Griechenlands. Auf 1200 Schiffen segeln die Griechen nach Troja.

◀ Achill ist der größte Held der Griechen. Als Krieger hat er einen Panzer an. Auf der Brust ist der Kopf der Medusa dargestellt, eines Ungeheuers, dessen Blick versteinerte.

Lange dauert der Krieg

Schon bei der Landung am Strand vor Troja gibt es heftige Kämpfe, bei denen viele Griechen fallen. Anfangs hatten die Griechen noch geglaubt, sie könnten durch Verhandlungen erreichen, dass Helena an Menelaos zurückgegeben wird. Doch die Trojaner lehnen dies ab. Immer wieder kämpfen Griechen und Trojaner gegeneinander. Oft fahren sie mit ihren Kampfwagen auf das Schlachtfeld, springen ab und kämpfen dann Mann gegen Mann.

Die Griechen versuchen immer wieder, die Stadtmauer Trojas zu erstürmen. Doch diese ist fast unüberwindlich, denn der größte Teil war einst von Göttern gebaut worden. Es gibt unzählige Schlachten. Oft enden die Kämpfe sehr blutig, und auf beiden Seiten kommen viele Helden ums Leben. Achill ist der stärkste und tapferste Krieger der Griechen. Er hat den Umgang mit den Kriegswaffen schnell gelernt und tötet auf dem Schlachtfeld die meisten Feinde.

◀ Voll Trauer zieht Briseis den Schleier vor ihr Gesicht,
denn sie muss Achill verlassen. Zwischen den beiden
steht Patroklos, der beste Freund des Achill.

Doch wird nicht ununterbrochen gekämpft. In den Kampfpausen holt Achill seine Leier heraus und spielt auf ihr. Oder er setzt sich mit seinem Cousin Ajas zusammen, und sie spielen ein Brettspiel.

Je länger sich der Kampf hinzieht, desto schwieriger wird es für die Griechen, ihr Heer mit Lebensmitteln zu versorgen. Einen Teil der Verpflegung können sie Händlern abkaufen, doch dies reicht nicht aus. Immer wieder überfallen sie Inseln oder Städte im Hinterland Trojas. Dabei stehlen sie nicht nur Lebensmittel, sondern auch schöne, vornehme Frauen.

Bei einem der Beutezüge raubt Achill Chryseis. Als die Beute unter den Kriegern aufgeteilt wird, muss er das Mädchen aber abgeben. Agamemnon, der oberste Heerführer, beansprucht Chryseis für sich und duldet keine Widerworte. Doch bald kann sich Achill trösten. Er erobert die wunderschöne Briseis und nimmt sie als seine Geliebte mit in sein Zelt.

Doch währt sein Glück nicht lange. Apoll, der Gott des Bogenschießens und der Gott der Künste, lässt im Lager der Griechen die Pest ausbrechen. Chryseis ist die Tochter des Apoll-Priesters, und der Gott fordert seine Dienerin zurück.

Agamemnon hat keine Wahl, er muss Chryseis zurückgeben. Doch er fühlt sich gedemütigt. Deshalb fordert er als Ersatz Briseis, die Geliebte des Achill. Er tut dies mit verletzenden Worten, denn er will dem großen Krieger Achill zeigen, dass er mächtiger ist. Achill muss ihm gehorchen und ihm Briseis, die er liebt, überlassen. Aber sein Stolz lässt nicht zu, dass er diese Kränkung so einfach hinnimmt. Er beschließt, sich aus dem Kampf zurückzuziehen. Soll doch Agamemnon schauen, wie er ohne die größten Kämpfer der Griechen zurechtkommt.

▼ Achill und Ajas konzentrieren sich auf
ein Brettspiel. In der Mitte steht Athene.

Alexandros,
der Opferdiener

◀ Dieser wunderschöne Stierkopf mit den vergoldeten Hörnern wurde im Grab eines mykenischen Fürsten gefunden.

Ich heiße Alexandros und stamme aus Troja. Auf meinen Namen bin ich richtig stolz, denn Paris, ein Sohn unseres Königs Priamos, wird auch Alexandros genannt. Das bedeutet so viel wie »der, der die Männer abwehrt«. Ich stamme aus einer vornehmen trojanischen Familie und will später einmal Priester werden. Obwohl ich erst 13 bin, darf ich bei manchen Ritualen schon als Opferdiener mithelfen.

Heute soll Athene, der Göttin der Weisheit und der klugen Kriegsführung, ein Opfer dargebracht werden. Hekabe selbst, die Königin von Troja, hat es angeordnet und hofft, dass der schreckliche Krieg bald ein Ende nimmt.

Der Göttin soll ein weibliches Tier, eine weiße Kuh, geopfert werden. Gestern habe ich sie noch zum Schmied gebracht, damit er die Hörner der Kuh vergoldet. Das Gold blitzt in der Sonne und

wird die Augen der Göttin bestimmt erfreuen. Meine Aufgabe als Opferdiener ist es, das Tier zum Altar zu führen. Ich habe Glück, denn die Kuh ist nicht bockig und lässt sich leicht führen. Heute vollzieht die Oberpriesterin selbst das Opfer. Immerhin geht es um eine sehr wichtige Bitte an die Kriegsgöttin. Die Priesterin taucht ihre Finger in die Wasserschale, die ich ihr hinhalte, und besprengt den Altar. Dann verstreut sie Gerstenmehl und betet zur Göttin Athene. Jetzt beginnt die eigentliche Opferhandlung. Die Priesterin schneidet der Kuh die Stirnhaare ab und verbrennt diese. Ein Priester – er ist ein starker Mann – betäubt das Tier mit einem kräftigen Schlag auf den Hinterkopf und schneidet dann die Halsschlagader auf. Nur Männer dürfen Tiere töten. Das Blut wird in kostbaren Schalen aufgefangen. Die Frauen stimmen einen Freudengesang zu Ehren der Göttin an. Sobald das Tier tot niedergesunken ist, wird es zerlegt. Von den Schenkeln wird Fleisch abgeschnitten. Meine Aufgabe ist es, diese Fleischstücke mit

Speck zu umwickeln und der Priesterin zu geben. Sie legt das Fleisch auf die brennenden Holzscheite und sprengt funkelnden Wein darüber. Diese Gabe ist für die Götter bestimmt. Der Rauch des verbrannten Fleisches steigt zum Himmel auf und erfreut die Götter. Hoffentlich nimmt Athene unser Geschenk gnädig an.

Nun werden die Eingeweide gebraten und als Vorspeise verzehrt. Junge Männer schneiden das übrige Fleisch in Würfel. Ich stecke die Fleischstücke auf große Spieße und drehe sie über dem Feuer. Mein Freund, der andere Opferdiener, hilft mir dabei. Neben mir wird in großen Tonkrügen Wasser mit Wein vermischt. Es wäre unfein, reinen Wein zu trinken.

Vom ständigen Drehen der Spieße tut mir schon mein Arm weh. Endlich ist das Fleisch gar. Ich ziehe die Fleischstücke von den Spießen. Die Priesterin verteilt sie an alle, die am Opfer teilnehmen. Fröhlich essen wir zusammen und trinken Wein aus goldenen Bechern. Hoffentlich wird Athene uns Trojanern im Krieg beistehen!

▼ Wenn Menschen opfern, dann kommen die Götter persönlich angereist, um das Opfer entgegenzunehmen. Rechts sitzt das Götterpaar, während eine Familie am Altar steht und opfert.

25

Blutige Kämpfe

Nicht nur Achill ist durch Agamemnons respektloses Verhalten gekränkt, auch seine Mutter Thetis ist in ihrem Stolz verletzt. Sofort macht sich Thetis auf den Weg zu Zeus, den sie auf dem Olymp, dem Berg der Götter, antrifft. Sie fleht Zeus an, sie schmeichelt ihm, ja sie umschlingt sogar sein Knie, um ihren Willen durchzusetzen. Die Griechen sollen verlieren, solange Achill nicht am Kampf teilnimmt. Agamemnon soll dazu gebracht werden,

sein Unrecht einzusehen. Zeus willigt ein. Zwischen Griechen und Trojanern kommt es zu zahlreichen blutigen Gefechten, doch die wirkliche Entscheidung bleibt aus.

Der tapferste Krieger der Trojaner ist Hektor, ein Sohn des trojanischen Königs und Bruder von Paris. Um ein Ende des Krieges herbeizuführen, schlägt er vor, dass Paris und Menelaos gegeneinander antreten sollen. Schließlich sind sie ja die Gegner, um die sich der Krieg überhaupt dreht. Es kommt zu einem Zweikampf.

Da Menelaos ein starker Kämpfer ist, ist das Glück auf seiner Seite, und Paris droht zu verlieren. Doch Aphrodite rettet ihren Liebling, hüllt ihn in einen Nebel und bringt ihn zu Helena ins Schlafzimmer. Überhaupt gehört Paris nicht zu den Tapfersten, er hält sich lieber bei den Frauen auf. Als Paris nun spurlos verschwunden ist, fühlt sich Menelaos zu Recht als Gewinner. Es scheint so, als hätten die Griechen gesiegt. Doch die Götter wollen noch keinen Frieden.

Nun greift Athene in das Geschehen ein. Sie stiftet einen Bogenschützen an, auf Menelaos zu schießen. Sein Schuss verfehlt ihn nur knapp, doch der Kampf bricht von Neuem aus.

Immer wieder mischen sich die Götter in das Geschehen ein. Hera und Zeus sind sich einig. Da Paris so feig und auch nicht bereit ist, Helena zurückzugeben, soll Troja untergehen.

Noch einmal versucht Hektor, den Kampf zu beenden. Erneut schlägt er einen Zweikampf vor. Durch ein Los wird Ajas zu seinem Gegner bestimmt. Auch bei diesem Duell sehen die Götter nicht tatenlos zu. Athene stellt sich wieder auf die Seite der Griechen und beschützt Ajas. Apoll steht hinter Hektor. Aber Zeus bestimmt, dass der Kampf unentschieden endet.

Die vielen Kämpfe und die schweren Verluste zermürben die Griechen. Agamemnon beginnt an Ansehen zu verlieren. Denn ohne Achill können sie den Krieg nicht für sich entscheiden.

Zähneknirschend beschließt er, nachzugeben und sich mit Achill zu versöhnen. Er will ihm Briseis wieder zurückgeben und eine seiner Töchter als Braut anbieten. Deshalb schickt er eine Gesandtschaft zu Achill. Phoinix, der alte Lehrer, und der redegewandte Odysseus sollen Achill umstimmen. Doch ist alles Bemühen vergeblich. Achill ist so verbittert und so voll Zorn, dass alles Reden sinnlos ist.

▲ Paris, der trojanische Prinz, ist kostbar gekleidet.

27

Tychios
in der Schmiedewerkstatt

▲ Die Beinschienen und der Helm sind aus Bronze gegossen. Der Helm lässt nur Augen und Mund frei. Wahrscheinlich war oben ein Helmbusch aus Haaren oder Federn befestigt.

28

Bumm, bumm« klopft es an der Tür. Draußen wird es gerade erst hell. Schlaftrunken springt Tychios auf und zieht sich sein Gewand über. Das muss sein Freund Laerkes sein. Ein Haussklave hat schon die Tür geöffnet, und Laerkes tritt ein. »Komm, Laerkes, ich zeig dir die Schmiedewerkstatt meines Vaters.« Tychios geht voran und stößt die Tür auf. »Vorsichtig, zieh deinen Kopf ein«, warnt er seinen Freund.

Laerkes kann zunächst gar nicht viel erkennen, weil sich seine Augen erst an das dämmrige Licht gewöhnen müssen. »Schau«, beginnt Tychios zu erklären, »hier ist die große Feuerstelle. Und das hier ist der Amboss.« Neben dem Amboss liegen die Werkzeuge. Hämmer und Zangen sind sorgfältig der Größe nach geordnet. »Erst greift man mit der Zange ein Stück Eisen«, erklärt Tychios, »und hält es über das Feuer, bis es glüht. Dann legt man das rot glühende Eisen auf den Amboss und schlägt es mit dem Hammer so lange, bis es die passende Form hat. Als ich jünger war, durfte ich immer nur den Blasebalg bedienen, aber jetzt hab ich schon einen Schreibgriffel geschmiedet.« Tychios zeigt seinem Freund den Blasebalg. Er sieht aus wie ein Lederbeutel mit zwei Holzgriffen. Wenn man die Griffe auseinanderzieht, wird Luft eingesaugt, drückt man sie zusammen, strömt die Luft durch eine Düse nach außen. »Mit dem Blasebalg wird Luft in das Feuer geblasen, damit es gut brennt.«

»Und wofür braucht ihr den großen Kessel?«, fragt Laerkes. »Wenn man Kupfer und ein bisschen Zinn darin erhitzt, dann entsteht die goldglänzende Bronze. Aus ihr werden die Pfeilspitzen gegossen, aber auch Verzierungen für die Griffe der Schwerter. Letzte Woche hat mein Vater eine kleine Statue der Göttin Athene gegossen. Wir haben sie im Tempel als Weihegeschenk niedergelegt und gebetet, dass mein großer Bruder unverletzt aus dem Krieg zurückkehrt.«

Vor lauter Schauen haben die beiden ganz vergessen, wie spät es geworden ist. Tychios' Vater Hephaistos ist gekommen. »Na, ihr Beiden, schon so früh auf!« Er beginnt, das Feuer anzuzünden. Eigentlich wäre das ja Tychios' Aufgabe, aber Hephaistos schimpft nicht. Er schmunzelt ein bisschen und freut sich insgeheim, dass sein Sohn vom Schmieden so begeistert ist.

◄ Welche Krieger haben wohl diese bronzenen Lanzenspitzen und die Schleudersteine benutzt? Sie müssen vor 3300 Jahren gelebt haben.

29

► Zu Ehren des toten Patroklos werden Leichenspiele veranstaltet. Begeistert feuern die Griechen die Wagenlenker an. Wer wird gewinnen?

Tod des Patroklos und neue Waffen für Achill

Achill lässt sich weder durch Agamemnons Angebote noch durch das gute Zureden von Phoinix und Odysseus umstimmen. Er bleibt hart. Die Griechen müssen also weiterhin ohne ihren tapfersten Krieger kämpfen. Sie geraten immer mehr in Bedrängnis, denn Zeus will, dass sich die Situation immer weiter zuspitzt. Um ihr Lager vor Angriffen zu schützen, hatten die Griechen eine

Mauer errichtet. Nun gelingt es Hektor, mit einem gewaltigen Stein das Tor in der Mauer aufzuschlagen. Die Trojaner dringen in das Lager ein, und die Griechen sind gezwungen, sich an den Strand zu ihren Schiffen zurückzuziehen. Achill und sein Freund Patroklos sehen aus der Ferne, dass Hektor die Schiffe in Brand setzen will. Da erträgt Patroklos es nicht länger, untätig zuzuschauen. Er bittet Achill darum, dass er sich dessen Rüstung ausleihen und mit den Kriegern des Achill in den Kampf ziehen darf. Er hofft, für Achill gehalten zu werden und unter den Trojanern Angst und Schrecken zu verbreiten. Schweren Herzens gibt Achill nach und legt Patroklos seine kunstvoll gearbeitete Rüstung an. Doch ist die Eschenlanze des Achill für Patroklos zu schwer. Man ahnt, dass er eine Aufgabe übernimmt, der er nicht gewachsen sein wird. Zunächst ist Patroklos erfolgreich und tötet viele Trojaner. Doch wieder greift Zeus ein. Er schickt Apoll ins Schlachtfeld. Der Gott versetzt Patroklos mit seiner Hand einen schweren Schlag zwischen die Schultern und öffnet den Panzer. So gelingt es Hektor, Patroklos mit der Lanze zu töten. Hektor reißt die Waffen an sich. Nach schweren Kämpfen kann Menelaos den Leichnam des Patroklos bergen.

Als Achill vom Tod seines besten Freundes hört, ist er tief getroffen und verfällt in grenzenlose Trauer. Thetis hört das Klagen ihres Sohnes und steigt mit ihren Schwestern aus dem Meer

herauf. Achill ist entschlossen, Patroklos zu rächen, obwohl ihm vorhergesagt worden war, dass er selbst kurz danach sterben wird. Thetis weiß, dass sie das Schicksal, das über allen steht, nicht ändern kann. Doch soll ihr geliebter Sohn wunderbare neue Waffen bekommen. Sie geht zu Hephaistos, dem Gott der Schmiede. Er ist für seine Kunstfertigkeit berühmt. Dieser schmiedet für Achill Waffen, wie sie die Welt noch nie gesehen hat. Auf dem Schild sind der Himmel mit funkelnden Sternen, das tosende Meer und das Leben der Menschen dargestellt. Zu sehen sind zudem ein fröhliches Hochzeitsfest, aber auch zwei reißende Löwen. Alles bewegt sich.

Diese wunderbaren Waffen trösten Achill ein wenig. Die Trojaner werden von seiner Erscheinung geblendet sein. Bevor er in den Kampf zieht, versöhnt er sich mit Agamemnon. Abends ist er vor Schmerz gar nicht in der Lage zu essen. Zeus schickt Athene hinab, die ihm Nektar und Ambrosia, die Speisen der Götter, einflößt. So ist Achill für den Kampf gestärkt.

► Zufrieden betrachtet Hephaistos den Helm, den er gerade noch mit dem Hammer bearbeitet hat. Thetis hält bereits Schild und Lanze in der Hand.

Amama,

das Sklavenmädchen

▲ Wer trinkt denn da heimlich aus dem Weingefäß?
Ist das die Herrin oder eine Dienerin?

Als Amama noch ein kleines Kind war, wurden sie und ihre Mutter auf einem der Raubzüge der Griechen erbeutet und den Kriegern des Achill zugesprochen. An ihr Heimatdorf auf einer der Inseln vor Troja kann sie sich gar nicht mehr erinnern. Längst hat sie Griechisch gelernt und sich an den Alltag einer Sklavin gewöhnt.

In den letzten Tagen ist Schreckliches passiert. Patroklos, der Freund des Achill, ist im Kampf gefallen. Alle trauern um ihn. Auch die Sklavinnen sind betrübt, denn er war immer sehr freundlich zu ihnen.

Bald wird Patroklos bestattet, und große Feierlichkeiten sind geplant. Viele Gäste werden an der Trauerfeier teilnehmen, und ein großes Festessen muss vorbereitet werden.

Amamas Mutter arbeitet in der Küche. Heute wird jede Hand gebraucht.

»Amama, steh auf!«, ruft die Mutter. Amama schlägt die Augen auf. Es ist noch ganz dunkel. »Heute sollst du mir doch in der Küche helfen! Wir müssen gleich los.« Als sie ins Küchenzelt kommen, herrscht dort schon große Hektik. »Soll ich wieder beim Getreidemahlen helfen?«, fragt Amama. »Hoffentlich nicht«, denkt sie sich. »Es ist so mühsam, die Weizen- und Gerstenkörner zwischen den rauen Steinen zu zermahlen.« Lieber würde sie den Teig kneten und backen, aber das ist die Aufgabe der Männer. »Vielleicht bekomme ich später ein Stück vom Korianderbrot geschenkt«, flüstert sie ihrer Mutter zu. Sie schaut sich im Raum um. In der Mitte sind die großen Feuerböcke, unter denen das Holz schon brennt. Schafe, Ziegen und Rinder sind geschlachtet worden. Männer schneiden das Fleisch mit scharfen Messern in Stücke und stecken es auf Bronzespieße. Wenn sich genügend Glut gebildet hat, werden sie es braten. Immer wieder müssen die Spieße gewendet werden, damit das Fleisch nicht anbrennt und verkohlt.

▲ In der Vorratskammer sind eine Truhe und Weingefäße.
An einem Ständer hängt eine Schöpfkelle.

»Wir sind heute für die Süßspeise zuständig, sagt die Mutter. Ich hole die Honigtöpfe – sie sind für dich noch zu schwer. Bring du bitte den Korb mit den Mandeln!« Die Mutter schlägt mit einem Stein die harten Schalen auf und nimmt die Kerne heraus. Amama hilft beim Reiben der Mandeln. »Hol doch schon mal die Sesamsaat, den Mohn und den gemahlenen schwarzen Pfeffer!« Der Mohn wird in einem Mörser zerquetscht. Dann werden die Zutaten in eine große Tonschüssel geschüttet, mit einem hölzernen Rührlöffel vermischt und am Schluss mit den Händen geknetet.

Heimlich kann Amama immer wieder etwas von dem süßen Teig naschen. Hm, schmeckt das gut! Die klebrige Masse wird dann auf Tonplatten gestrichen, die vorher mit etwas Öl eingerieben wurden. Sobald die Männer das Fleisch fertig gebraten haben, legen die Frauen die Platten über die verglühten Kohlen und lassen die Masse langsam backen. Wenn sie trocken genug ist, wird sie in kleine Stücke geschnitten und vorsichtig abgelöst. Amama freut sich schon darauf, die einzelnen Stückchen auf einer Platte, die sie mit Feigenblättern ausgelegt hat, schön anzurichten.

Amamas Rezept

1	Tasse Mohn
2	Tassen grob geriebene Mandeln
1	Tasse Sesamsaat
7–10	Esslöffel flüssiger Honig
1/4	Teelöffel grob gemahlener schwarzer Pfeffer

Vermische die Zutaten miteinander. Lege Backpapier auf ein Backblech und streiche die Masse fingerdick auf. Backe sie ca. 20 Minuten bei 80 Grad im Backofen.

Achill tötet Hektor

Achills treuester Freund, Patroklos, ist von Hektor getötet worden, und Achill dürstet nach Rache. Er tötet viele Trojaner. Voll Kampfeswut treibt er die Hälfte der Trojaner in das Wasser des Flusses Skamander. Der Fluss Skamander ist mehr als ein normaler Fluss. Er ist ein Gott und steht auf Seiten der Trojaner. Als sich sein Wasser vom Blut der Trojaner rot färbt, wird er zornig und lässt seine Wassermassen anschwellen. Achill droht darin zu ertrinken. In höchster Not betet er zu Zeus. Dieser hört sein Flehen und bittet Poseidon und Athene, den Göttersohn aus den Fluten zu ziehen. Doch kurz nach seiner Rettung gerät Achill wieder in höchste Not, denn Skamander verfolgt ihn mit seinen Wellen. Hephaistos, der Gott der Schmiede, zwingt schließlich den Flussgott zur Aufgabe. Mit seinem Feuer trocknet er den Fluss aus und lässt Bäume und Sträucher am Flussufer in Flammen aufgehen. Skamander muss schwören, den Trojanern nicht mehr zu helfen.

Vor den Toren Trojas wartet Hektor auf Achill. Er will den Kampf wagen. Doch als er Achill herbeistürmen sieht, packt ihn die Angst, denn Achill ist größer als die anderen Menschen. Hektor flieht und Achill verfolgt ihn. Obwohl Achill berühmt dafür ist, sehr schnell laufen zu können, kann er Hektor nicht einholen. Dreimal jagt er ihn um die Stadtmauer. Schließlich stellt sich Hektor dem Kampf. Zeus bedauert Hektor, doch Athene ermahnt den Göttervater, das Schicksal entscheiden zu lassen. Zeus wiegt das Los beider Krieger auf der Schicksalswaage. Hektors Waagschale sinkt tief hinab, und selbst Apoll wendet sich nun von seinem Schützling ab. Hektor ahnt, dass die Götter ihn verlassen haben, und bittet Achill um eine ehrenvolle Bestattung nach seinem Tod. Achill lehnt hochmütig ab. Der Zweikampf beginnt. Mit Athenes Hilfe gelingt es Achill, Hektor zu besiegen. Hektor trägt die alte Rüstung des Achill. Doch am Hals ist sie ihm etwas zu weit. Achill zielt mit seiner Lanze auf die ungeschützte Stelle und tötet Hektor. Entsetzt sehen Hektors Eltern und seine Frau, dass Achill die Leiche mit den Füßen an seinen Wagen bindet und ins Lager der Griechen schleift.

Die Götter greifen ein, denn die Schändung von Hektors Leiche verletzt religiöse Gesetze. Hermes, der Götterbote, geleitet Hektors Vater, König Priamos, ins Lager des Achill. Priamos hat Achill kostbare Geschenke mitgebracht und bittet verzweifelt um die Leiche seines Sohnes. Schließlich hat Achill Mitleid und gibt Priamos den Leichnam zurück.

▲ Verzweifelt fleht der alte König Priamos Achill um die Leiche seines Sohnes an. Achill hat sein Gesicht abgewendet.

Der Tod des Achill

Achill weiß, dass er Hektor nicht lange überleben wird. Seine Mutter hatte es ihm vorausgesagt. Sein Pferd Xanthus hatte ihm zudem verraten, dass er von einem Gott und einem Menschen bezwungen werden wird. Ja, Xanthos kann sprechen, denn er ist kein gewöhnliches Pferd. Der rotbraune Hengst war Achills Eltern Peleus und Thetis von den Göttern zur Hochzeit geschenkt worden und ist unsterblich. Kurz vor seinem Tod hatte Hektor prophezeit, dass Achill am Tor der trojanischen Mauer von Paris und Apoll getötet werden wird. Und so geschieht es auch.

Achill fällt nicht in einem offenen Zweikampf, sondern wird hinterrücks von einem Pfeil getroffen. Paris ist der Schütze, und Apoll lenkt den Pfeil, denn er weiß, wo Achill verletzlich ist: Er zielt auf die Ferse. Nun kann Achill nicht mehr fliehen und wird erschlagen. Seit langem zürnt Apoll dem Helden, der einst sein Heiligtum geschändet hatte.

Es entbrennt ein Kampf um die kostbare Rüstung. Einem trojanischen Krieger gelingt es, einen Lederriemen um Achills Fuß zu binden. Er will den Leichnam aus dem Schlachtfeld ziehen und die von Hephaistos gefertigte Rüstung erobern. Der Grieche Ajas, nach Achill der stärkste Krieger, tötet den Trojaner und lädt sich Achills Leichnam samt Schild auf den Rücken.

Die Griechen bahren den Toten feierlich auf. Thetis und ihre Schwestern steigen aus dem Meer herauf und stimmen den Totengesang an. Ihre Klagelieder sind weithin zu hören. 17 Tage und 17 Nächte trauern sie um das Götterkind. Dann wird ein großer Holzstoß errichtet. Tiere werden geopfert. Achills Leiche wird wie ein Gott gekleidet und mit Öl und Honig begossen. Der Scheiterhaufen wird angezündet, und die Krieger ziehen um das gewaltige Feuer. Am nächsten Morgen bringt Thetis ein goldenes Gefäß, in das die Asche ihres Sohnes gefüllt wird. An der Küste errichtet das Heer Achill zu Ehren einen riesigen Grabhügel, in dem die Überreste begraben werden. Schon aus der Ferne können ihn die Seefahrer sehen.

Bald nach Achills Tod wird auch Paris von einem Pfeil verwundet und stirbt. Pyrrhos, der Sohn des Achill, legt Achills kostbare Rüstung an. Auch er wird bei der Eroberung Trojas dabei sein.

◄ Paris, der schöne Prinz von Troja, trägt eine phrygische Mütze. Darunter schauen seine langen Locken hervor.

Die List vom Trojanischen Pferd

Zehn Jahre kämpfen nun schon Griechen und Trojaner gegeneinander. Auf beiden Seiten sind viele große Helden gefallen. Doch wird der Krieg nicht durch Waffengewalt entschieden. Eine List wird den Untergang der Stadt Troja und damit das Kriegsende herbeiführen.

Immer wieder hatte Odysseus durch seine Redegewandtheit und seinen Ein-

fallsreichtum den Verlauf des Krieges beeinflusst. Nun hat er eine ganz einzigartige Idee. Es soll ein riesiges hölzernes Pferd gebaut werden, in dessen hohlem Bauch sich griechische Krieger verstecken können. Doch ohne den Beistand der Götter ist so etwas nicht möglich. Athene, die auch die Schutzgöttin des Handwerks und der Künste ist, entwirft ein Modell. Epeios, der für seine Handwerkskunst berühmt

◀ Groß und sehr schlank ist das Pferd. Wie aus Fenstern schauen die griechischen Krieger aus dem Bauch und dem Hals des Pferdes heraus.

ist, baut aus Holzplanken – ähnlich wie man ein Schiff baut – ein weit überlebensgroßes Pferd. Die Oberfläche wird mit Gold- und Silberblechen überzogen und mit wunderbaren Mustern verziert. So etwas Schönes hat man noch nie gesehen.

Dann ist es so weit: In den Bauch des Pferdes klettern zehn griechische Krieger. Unter ihnen sind Odysseus, Epeios, Menelaos und Pyrrhos. Die anderen Griechen gehen zurück an Bord ihrer Schiffe und segeln ab. Die Trojaner sollen glauben, die Griechen hätten aufgegeben und wollten nun nach Griechenland heimkehren.

Nur Sinon bleibt zurück. Er erzählt eine Lügengeschichte: Ein Orakel hätte den Griechen geweissagt, dass sie abfahren sollten. Auch sollten sie die Götter durch ein Weihegeschenk, durch ein großes Pferd, besänfti-

gen. Ihn selbst, so erzählt er, wollten die Griechen den Göttern opfern, um die Götter zu versöhnen. Doch sei es ihm gelungen zu fliehen. Voll Staunen hören die Trojaner diese Geschichte und bewundern das Geschenk für die Götter. Man holt Priamos, den alten König, herbei. Wie soll man sich entscheiden? Ist das Pferd wirklich eine Weihegabe? Soll es in die Stadt gezogen werden?

▶ Fast kann man Angst bekommen vor Odysseus. Wild kringeln sich seine Locken, und sein Blick ist nicht gerade freundlich.

Wo sind denn die Köpfe der Schlangen? Die eine hat dem jüngsten Sohn gerade den tödlichen Biss versetzt, die andere wird Laokoon gleich in die Hüfte beißen. Der ältere Sohn hofft noch, die Schlange vom Bein abstreifen zu können.

Der Untergang Trojas

Viele Trojaner wollen sich das Geschenk an die Götter ansehen. Auch Helena kommt zum Strand herunter und betrachtet das Pferd. Misstrauisch geht sie dreimal herum und betastet es immer wieder. Dann ruft sie die Namen der griechischen Feldherren und ahmt auch noch die Stimmen der Geliebten nach. Nur mit Mühe können sich die Männer, die im hohlen Bauch des Pferdes sitzen, beherrschen. Beinahe hätte einer von ihnen geantwortet und sie alle verraten.

Laokoon, der Priester des Gottes Apoll, ahnt großes Unheil und warnt entschieden vor dem Pferd. Er greift nach seinem Speer und schleudert ihn in die Flanke des Pferdes. Dumpf hört man die Waffen im Inneren klirren. Schon beginnen einige Trojaner daran zu zweifeln, ob es sich wirklich um eine Gabe für die Götter handelt. Doch da kommen zwei riesige Schlangen aus dem Meer. Sie beißen Laokoon und seine Söhne und töten alle drei. Danach kriechen sie in die Stadt und legen sich zu

Füßen der Götterstatue nieder. Entsetzt beobachten die Trojaner das Geschehen. Hier müssen die Götter eingegriffen haben! Nun sind sie überzeugt, dass das Pferd in die Stadt gezogen und den Göttern geweiht werden muss. Sie befestigen Rollen unter den Hufen und winden Seile um den Hals des Pferdes. Unter Gesang ziehen sie das Geschenk in die Stadt. Doch am Stadttor müssen sie anhalten. Das Pferd ist zu groß. Sie müssen den großen Steinblock, der das Tor oben abschließt, entfernen und können erst dann das Pferd in die Stadt ziehen.

Siegesgewiss feiern die Trojaner das Ende des Krieges. Sie veranstalten ein großes Festessen und trinken viel Wein. Keiner achtet mehr auf das Pferd vor dem Tempel der Athene.

Die Griechen, die sich im Bauch des Pferdes versteckt hatten, klettern in der Nacht heraus und öffnen von innen die Tore der Stadt. Die anderen Griechen, die bereits abgesegelt waren, sind inzwischen im Schutz der Dunkelheit zurückgekehrt. Endlich können sie durch die geöffneten Tore in die Stadt eindringen. Leicht gelingt es ihnen, die Trojaner zu überwältigen und die Stadt zu erobern. Grausam verfahren sie mit den Besiegten. Sie brennen die Stadt nieder, töten die Männer und machen Frauen und Kinder zu Sklaven. Im Blutrausch ermordet Pyrrhos den kleinen Sohn Hektors, den alten König Priamos metzelt er am Altar des Zeus nieder. Da wenden sich die Götter von den Griechen ab, denn sie haben ihre Heiligtümer geschändet.

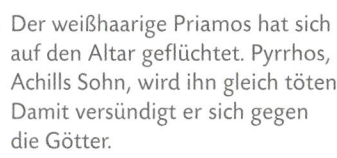

▲ Der weißhaarige Priamos hat sich auf den Altar geflüchtet. Pyrrhos, Achills Sohn, wird ihn gleich töten. Damit versündigt er sich gegen die Götter.

▲ Wütend hat Menelaos nach Helena gesucht. Gerade zieht er sein Schwert, um sie zu töten. Doch wird er von ihrer Schönheit überwältigt und verliebt sich wieder in sie.

Wer kommt nach Hause?

Mit dem Tod des Priamos ist das trojanische Königshaus erloschen. Doch lange hält die Freude der Griechen über ihren Sieg nicht an. Bald geraten sie untereinander in Streit und treten die Heimfahrt nach Griechenland einzeln an. Nach all den Grausamkeiten können sie nicht mehr auf die Hilfe der Götter hoffen. Zeus' Plan, das Geschlecht der Halbgötter und Helden untergehen zu lassen, wird sich erfüllen, denn nur wenige werden nach Hause kommen und ihr Leben in Ruhe beschließen. Zu den wenigen Verschonten gehören Helena und Menelaos, ihr erster Mann. Zwar will sich Menelaos zuerst an Helena rächen und sie mit dem Schwert töten, doch wird er von ihrer Schönheit besiegt. Gemeinsam kehren sie – allerdings nach längeren Irrfahrten – nach Sparta zurück und leben dort in Frieden.

Auch Agamemnon kehrt nach Griechenland zurück, doch wird er von seiner Frau Klytämnestra alles andere als herzlich empfangen. Zusammen mit ihrem Geliebten Ägisthos ermordet sie den Ehemann. Sie rächt sich dafür, dass Agamemnon einst, als die Griechen nach Troja absegeln wollten, ihre gemeinsame Tochter Iphigenie töten ließ. Er hatte sie auf dem Altar als Opfer dargebracht, um von den Göttern günstige Winde für die Abfahrt nach Troja zu erbitten.

Äneas stammt aus einer Nebenlinie des trojanischen Königshauses. Er ist der Einzige dieses Geschlechts, der überleben wird. Auch er ist ein Halbgott. Seine Mutter Aphrodite hatte ihn während des Krieges beschützt. Als Troja untergeht, flieht er mit seiner Familie. Auf den Schultern trägt er seinen alten Vater aus der brennenden Stadt. Weil er so fromm ist, beschützen ihn die Götter. Mit seinem Vater und seinem Sohn wird er über das Mittelmeer segeln und in Italien, in Latium landen. Er wird zum Stammvater der Römer werden.

Neben der *Ilias*, der Erzählung über den Trojanischen Krieg, zählt die *Odyssee* zu den bekanntesten Erzählungen des alten Griechenlands. Sehr viel Leid muss Odysseus während seiner Heimfahrt erdulden, und er wird der Letzte sein, der wieder nach Hause zurückkehrt. Zehn Jahre dauert seine Irrfahrt über das Meer. Seine Reise bringt ihn zu fremden und auch gefährlichen Völkern, aber auch zu Nymphen und Göttinnen. So kommt er zu den Lotosfressern, den Lotophagen. Sie leben im Glück, denn sie vergessen alles, wenn sie Lotosfrüchte essen. Später landet Odysseus auf der Insel der Nymphe Kalypso. Sie verliebt sich in ihn und behält ihn sieben Jahre bei sich. Am Ende einigen sich die Götter aber doch darauf, dass Odysseus wieder in seine Heimat, auf die Insel Ithaka, zurückkehren darf.

Penelope, seine Frau, hat 20 Jahre treu auf ihn gewartet. Sie erkennt ihn zunächst gar nicht, so hat er sich verändert. Doch gibt es etwas, was nur Odysseus wissen kann. Er hatte ihr Bett an den Stamm eines Ölbaumes gebaut, so dass es nicht verschoben werden kann. Als er davon spricht, weiß sie, dass ihr geliebter Mann heimgekehrt ist.

43

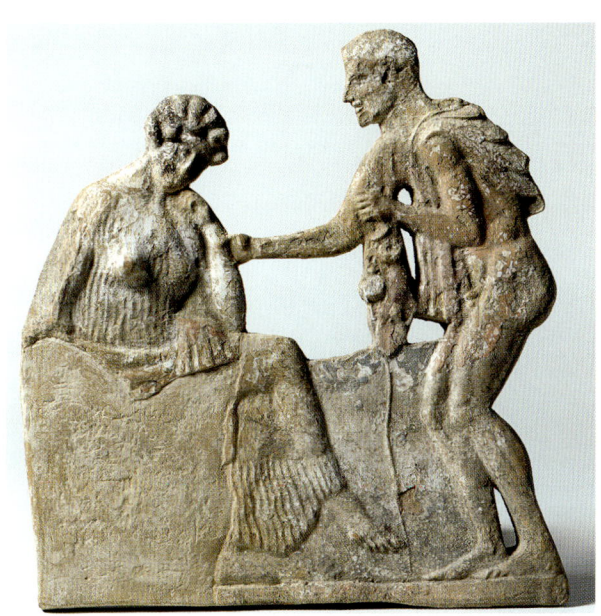

▲ Luftbild der ausgegrabenen Stadt Troja. Die Mauerreste stammen aus verschiedenen Zeiten.

Gab es den Krieg
um Troja wirklich?

Wissenschaftler beschäftigen sich seit Langem mit der Frage, ob es diesen Krieg um die Stadt Troja wirklich gegeben hat.

Der deutsche Kaufmann Heinrich Schliemann war auf einer Reise nach Anatolien (Türkei) gekommen, wo man Troja vermutete. Durch einen Zufall lernte er den britischen Konsul Frank Calvert kennen, der den Grund und Boden, auf dem das antike Troja gestanden hatte, gekauft hatte. Da dem Konsul die Geldmittel fehlten, um eine große Grabung durchzuführen, überredete er Schliemann dazu, denn dieser war sehr reich.

Im Jahr 1870 begann Schliemann mit den Ausgrabungen. Bald stieß er auf die Mauern einer untergegangenen Stadt. Er war fest davon überzeugt, das Troja des Homer gefunden zu haben. Bei späteren

Untersuchungen stellte sich heraus, dass die Reste dieser Stadt aus der Zeit zwischen 2300 und 2100 vor Christus stammten. Der homerische Krieg müsste aber um 1250 vor Christus stattgefunden haben – ungefähr 1000 Jahre später. Die gefundenen Ruinen waren also zu alt. Bis heute wird an dieser Stelle gegraben, und man hat viele Reste von Städten entdeckt, die zeitlich aufeinander folgten. Doch Beweise, dass hier im 13. Jahrhundert Griechen und Trojaner miteinander gekämpft haben, wurden nicht gefunden.

Nicht nur archäologische Ausgräber beschäftigen sich mit dem Trojanischen Krieg. Auch Sprach- und Geschichtswissenschaftler wollen herausfinden, ob Homer eine Begebenheit schildert, die wirklich stattgefunden hat.

Homer verfasste die *Ilias* ungefähr 750 vor Christus. Das ist also etwa 500 Jahre nach der Zeit, in der der Krieg stattgefunden haben soll. Erst zur Zeit Homers war die griechische Schrift entwickelt worden, vorher wurden Dichtungen mündlich von einer Generation zur nächsten gegeben.

Heute wissen wir, dass jeder Sänger das Gedichtete ein wenig abwandelte. Schon nach 90 Jahren hat sich der Inhalt so verändert, dass das geschichtliche Ereignis, von dem ursprünglich berichtet wurde, nicht mehr wiedererkannt werden würde.

Homer erzählt zwar, dass die Kämpfe vor langer Zeit stattgefunden haben, doch erkennen wir in vielen Einzelheiten Probleme und Konflikte seiner eigenen Zeit. Im 8. Jahrhundert wanderten Griechen, denen es zu Hause zu eng geworden war, aus und gründeten neue Städte, so auch dort, wo später Troja ausgegraben wurde. Hier stießen sie auf eine ältere Stadt mit großen Mauern, die nur noch von wenigen Menschen bewohnt wurde. Die Griechen eroberten diese Stadt und siedelten sich dort an. Sie stellten sich vor, dass in diesen gewaltigen Mauern ganz besondere Menschen gelebt haben mussten, ein Geschlecht von Helden. Die griechischen Sänger erzählten, dass ihre eigenen Vorfahren, Helden und Halbgötter, einst alle dorthin gefahren waren und die trojanischen Helden besiegt hatten.

Homer war der geniale Dichter, der aus allen diesen einzelnen Sagen ein großes Epos formte, das vom Zorn des Achill handelt. Da es zu dieser Zeit auch aufgeschrieben werden konnte, ist es bis heute überliefert.

◄ Diese Mauern wurden zwischen 2300 und 2100 vor Christus gebaut, also 1000 Jahre vor der Zeit der griechischen Helden.

45

BILDNACHWEIS

Bibliografische Information Der Deutschen Nationalbibliothek

Die Deutsche Nationalbibliothek verzeichnet diese Publikation in der Deutschen Nationalbibliografie; detaillierte bibliografische Daten sind im Internet unter http://dnb.d-nb.de abrufbar.

Deutsche Originalausgabe

Copyright © 2008 von dem Knesebeck GmbH & Co. Verlags KG, München

Ein Unternehmen der La Martinière Groupe

Gestaltung: Knesebeck Verlag – Gudrun Bürgin

Satz: Gudrun Bürgin, München

Lithografie: repro:LUDWIG, Zell am See, Österreich

Druck: Proost, Turnhout

Printed in Belgium

ISBN 978-3-89660-566-5

www.knesebeck-verlag.de